DENK NICHT AN ORANGEN MIT LILA PUNKTEN

Ausführliche Informationen zum Thema NLP
sowie zu jedem unserer lieferbaren und geplanten Bücher
finden Sie im Internet unter **www.junfermann.de**
– mit ausführlichem Infotainment-Angebot zum JUNFERMANN-Programm

DENK NICHT AN ORANGEN MIT LILA PUNKTEN

Das Handbuch für Ihr Gehirn, das Sie schon immer *hätten haben sollen*

MARTIN SHERVINGTON

Aus dem Englischen von Cordula Grehling

JUNFERMANN VERLAG • PADERBORN

Copyright © der deutschen Ausgabe:
Junfermannsche Verlagsbuchhandlung, Paderborn 2002
Aus dem Englischen von Cordula Grehling
Originaltitel: Don't think of Purple Spotted Oranges

Copyright © 2001
Marshall Editions Developments Ltd
All rights reserved.

Illustrationen: Martina Farrow/New Division
Photoshop-Montagen: Guy Callaby

Fotonachweis:
5 Andrew Sydenham; 6 PowerStock/Zefa; 7 Luiz Claudio Marigo/Bruce Coleman; 10 Giles Chapman Library; 12 The Bridgeman Art Library; 14/15 Michael Keller/ The Stock Market; 25 Andrew Sydenham; 26/27 Gunter Ziesler/Bruce Coleman; 28/29 Pictor International; 35 Jack Daniels/gettyone Stone, 39t Jane Burton/ Bruce Coleman, 39b Frank Blackburn/Planet Earth Pictures; 40/41 Tim Davies/gettyone Stone; 44 Christer Fredricksson/ Bruce Coleman; 45l Hans Reinhard/Bruce Coleman, 45r Bruce Coleman; 52/53 (Hintergrund) Bruce Coleman; 54/55 Corbis, 55 Randy Wells/ PowerStock/Zefa; 74 Images Colour Library; 77 Digital Vision; 78 Hans Reinhard/Bruce Coleman; 82 Robert Harding Picture Library; 84/85 PowerStock/Zefa; 93/94 (Ski) Robert Harding Picture Library; 95 (Liegestuhl) David Stoecklein/ The Stock Market
Die Bilder auf S. 24; 30; 35 (Rose); 43; 56/57; 94 und 95 (Hände): Paul Forrester

Alle Rechte vorbehalten.
Das Werk einschließlich aller seiner Teile ist urheberrechtlich geschützt. Jede Verwendung außerhalb der engen Grenzen des Urheberrechtsgesetzes ist ohne Zustimmung des Verlages unzulässig und strafbar. Dies gilt insbesondere für Vervielfältigungen, Übersetzungen, Mikroverfilmungen und die Einspeicherung und Verarbeitung in elektronischen Systemen.

Die Deutsche Bibliothek – CIP-Einheitsaufnahme
Shervington Martin
Denk nicht an Orangen mit lila Punkten
[Übers. aus d. Engl.: Cordula Grehling]. –
Paderborn: Junfermann
 Einheitssacht.: Don't think of Purple Spotted Oranges <dt.>
 ISBN 3-87387-478-4

ISBN 3-87387-478-4

INHALT

1
Holen Sie sich Ihre Power zurück!

In welchem Ton reden Sie mit sich selbst? **8**
Lassen Sie die Vergangenheit hinter sich! **10**
In Zukunft machen wir es besser **12**
Endlich frei! **14**
Die Emotion der Wahl **16**
Die Swish-Technik **18**
Auf Erfolg programmiert **20**
Sie sind einfach großartig! **22**
Sagen Sie nicht nicht **24**

2
Öffnen Sie Ihre Sinne!

Visuelle Feinabstimmung **28**
Geschmackssache **30**
Gefühle **32**
Wie die Rosen duften **34**
Lauschen Sie der Musik des Regens... **36**

3
Von Mensch zu Mensch

Sprechende Blicke **40**
Aus Kritik lernen **42**
Namen auf Anhieb behalten **44**
Metaphern können so hilfreich sein **46**
Wie denkt Ihr Gegenüber? **48**
Vorbilder nutzen **50**
Logische Ebenen – auf das Stockwerk kommt es an! **52**
Das reinste Spiegelbild **54**
Emotionen **56**
Seien Sie präzise! **58**
Reframing – die Kunst des Umdenkens **60**

4
Einheit von Körper und Geist

Lieben Sie den Teil Ihres Körpers, den Sie am meisten ablehnen! **64**
Drei Schritte zum inneren Frieden **66**
Erweitern Sie Ihr Denken! **68**
Nutzen Sie beide Gehirnhälften! **70**
Der Traum – ein Leben **72**

5
Bringen Sie Ordnung und Klarheit in Ihr Leben!

Ordnung statt Chaos **76**
Entwickeln Sie grenzenlose Kreativität! **78**
Brainstorming mit MindMaps **80**
Veränderungen willkommen heißen **82**
Zielen Sie hoch! **84**
Rechtschreibung – aber richtig! **86**
Begeisterung auf Knopfdruck **88**
Besser und besser mit jedem Tag **90**
Übung macht den Meister **92**
Entscheiden Sie sich! **94**

Abschließende Bemerkungen des Autors **96**

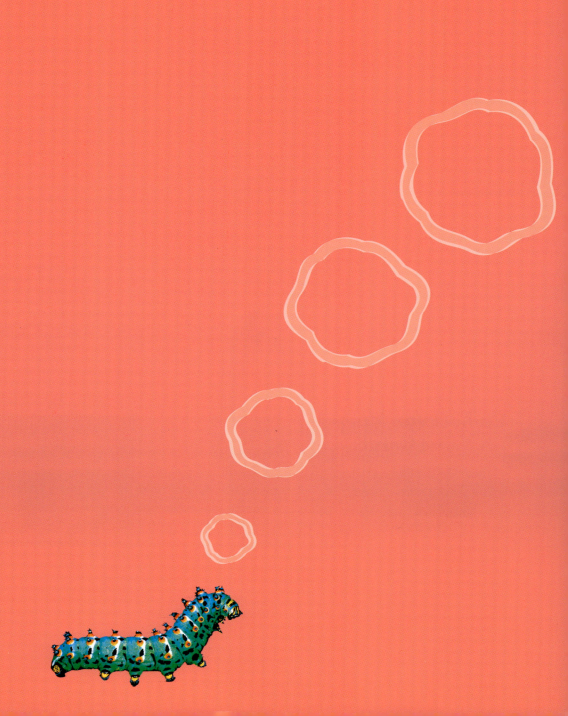

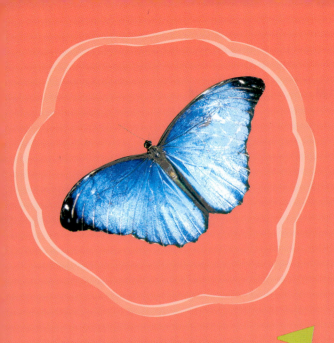

1

Holen Sie sich Ihre Power zurück!

Ist Ihnen schon einmal aufgefallen, daß es sehr vielen Menschen an Selbstvertrauen fehlt? Gut, jeder von uns hat mal einen schlechten Tag, doch es gibt viele ganz einfache und doch sehr wirkungsvolle Möglichkeiten, unseren Gefühlen eine Wendung ins Positive zu geben. In diesem Kapitel werden Sie erfahren, wie Sie Ihr Selbstwertgefühl und die Art und Weise, wie Sie mit bestimmten Situationen umgehen, grundlegend verändern können. Keine morgendlichen Depressionen mehr, keine zitternden Knie in den unpassendsten Momenten. Statt dessen werden Sie sich nach und nach einen Methodenfundus aufbauen, der Ihnen die Fähigkeit vermittelt, sich jeder Situation gewachsen zu zeigen. Sie werden entdecken, wie Sie sich in einen besseren emotionalen Zustand versetzen und so die Art und Weise verändern können, wie Sie Ihre Umwelt wahrnehmen. Übernehmen Sie selbst die Verantwortung und holen Sie sich Ihre Power zurück – Ihr Werkzeug-Köfferchen ist griffbereit.

In welchem Ton reden Sie mit sich selbst?

Wir alle führen innere Dialoge. Manchmal gibt uns unsere innere Stimme durchaus guten Rat, häufig jedoch klingt sie eher entmutigend und drückt auf unser Selbstwertgefühl und unsere Stimmung. Aber jetzt kommt die GUTE Nachricht:

Menschen mit genügend Selbstvertrauen können ihre innere Stimme so einsetzen, daß ihre positiven Gefühle verstärkt werden. Sie machen sich selber Komplimente, muntern sich innerlich auf und motivieren sich – sie werden selber zu ihren größten Fans.

Und SO wird's GEMACHT:

Denken Sie sich Sätze aus, die Ihnen ein gutes Gefühl vermitteln.

Schreiben Sie sie auf und sagen Sie sie sich immer wieder vor.

Wenn Sie eine Aufmunterung nötig haben, beobachten Sie, wie sich das auf Ihre Stimmung auswirkt.

ICH WERDE DIESEN TAG STUNDE UM STUNDE GENIESSEN

Ich werde mein Leben gründlich verändern

ICH VERDIENE ES, GLÜCKLICH ZU S[EIN]

Alles, was ich brauche, steht mir zur Verfügung

ICH MAG MICH

Leben ist schön, und ich spiele **EINE WICHTIGE ROLLE** darin

Ich verfüge über ein **ENORMES POTENTIAL**, das ich endlich **VOLL** ausschöpfen möchte

ANDERE MENSCHEN SIND GERN IN MEINER NÄHE

WAS ICH MACHE DAS MACHE ICH GUT

ICH TUE DAS, WAS MIR WIRKLICH WICHTIG IST

Ich bin allen Menschen gegenüber freundlich und achtungsvoll

Variationsmöglichkeiten:

- **Sprechen Sie SCHNELLER, wenn Sie Ihre Motivation erhöhen wollen.**

- **Sprechen Sie L-A-N-G-S-A-M-E-R, wenn Sie sich entspannen wollen.**

- **Und wenn Sie sexy oder sonstwie gut drauf sein wollen, verändern Sie Ihre innere Stimme entsprechend.**

Fällt es Ihnen manchmal schwer, damit aufzuhören, ständig die schlechten Momente des Tages Revue passieren zu lassen? Sie wissen genau, daß Sie sich nur die Laune verderben, wenn Sie ärgerliche Vorkommnisse wieder und wieder im Geiste durchgehen, doch es fällt Ihnen überaus schwer, einfach damit aufzuhören. So entstehen deprimierende Erinnerungsbilder, die wie dunkle Wolken über uns hängen und sich scheinbar nicht vertreiben lassen.

Es geht auch anders. Indem Sie die Art und Weise verändern, wie Ihr Gehirn diese Bilder speichert, können Sie die Gefühle verändern, die Sie dem betreffenden Erlebnis gegenüber haben.

Vielleicht hatten Sie eine Reifenpanne, die Ihre Pläne vereitelte. Holen Sie die Erinnerung an das Ereignis deutlich heran und achten Sie genau darauf, was geschieht, wenn Sie:

- *das Bild weiter wegbewegen;*
- *es kleiner werden lassen;*
- *es schwarz-weiß machen;*
- *sich selbst von außen zusehen, anstatt die Situation durch Ihre eigenen Augen zu sehen.*

Diese Veränderungen Ihrer Wahrnehmungsweise erzeugen eine Distanz zwischen dem Erlebnis und Ihnen, so daß Sie sich wieder anderen Dingen zuwenden bzw. die ganze Angelegenheit vergessen können.

In Zukunft machen wir es besser

Haben Sie bei sich schon mal festgestellt, daß Sie immer wieder ganz bestimmte Fehler machen? Dies geschieht dann, wenn man sich nicht klarmacht, wo genau der Fehler liegt, sondern statt dessen immer wieder die gleichen Verhaltensmuster wiederholt. Durchbrechen Sie diesen Teufelskreis, indem Sie sich einfach vorstellen, eine Situation besser zu bewältigen. Künftig wird Ihnen das auch in der Realität leichter fallen.

Mit den folgenden fünf Schritten machen Sie Ihr Gehirn fit für zukünftige Glanzleistungen ...

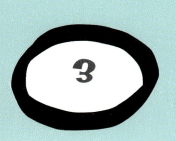 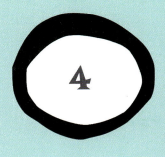 

1 Visualisieren Sie eine Situation, in der Sie sich zukünftig anders verhalten wollen.

2 Stellen Sie sich vor, wie Sie sich in dieser Situation am liebsten verhalten würden und wie Ihr Verhalten vor Ihrem geistigen Auge zusehends an Effektivität gewinnt.

3 Sehen Sie einfach zu, so, als würden Sie einen Videofilm anschauen. Wie fühlen Sie sich? Wie reagieren die anderen Beteiligten in Ihrem Film auf alles, was geschieht?

4 Spielen Sie die Situation in verschiedenen Versionen durch, bis Sie mit den Ergebnissen, die Sie vor Ihrem inneren Auge sehen, voll und ganz zufrieden sind.

5 Denken Sie sich einen Auslösereiz aus, der das Wunsch-Verhalten in einer realen Situation aktivieren wird. Dieser kann z.B. darin bestehen, daß Sie eine Zielmarkierung vor sich sehen, eine bestimmte Stimme hören oder einen bestimmten Raum betreten.

Fragen Sie sich jedesmal: „Was hätte ich besser machen können?", und verbessern Sie so Ihre Ergebnisse von Mal zu Mal. Sie haben jetzt die Möglichkeit, die Vergangenheit zu korrigieren und mit Ihrem „inneren Heimkino" auf Erfolgskurs zu gehen.

ENDLICH FREI!

Jeder von uns hat irgendwelche **SCHLECHTEN ANGEWOHNHEITEN**, die wir gerne aufgeben würden, z.B. das **RAUCHEN**, das **TRINKEN**, das **NÄGELBEISSEN** oder **ÜBERMÄSSIGES ESSEN**.

Doch es ist nicht leicht, etwas aufzugeben, was Genuß bereitet. Man versucht vielleicht, sich die negativen Aspekte der schlechten Angewohnheit vor Augen zu führen, z.B. die gesundheitlichen Risiken, um leichter davon loszukommen. Doch auch dann, wenn diese Risiken sehr wohl bewußt sind, bleibt es ein ständiger Kampf.

Sie können Ihre Willenskraft wirkungsvoll unterstützen, indem Sie sich, wenn Sie mit etwas aufhören wollen, gleichzeitig ein neues Ziel setzen. Sie werden die alte Angewohnheit leichter los, wenn Sie die Annehmlichkeiten, die Sie dadurch hatten, gegen wirkliche Vorteile austauschen.

Gehen Sie die folgenden vier Schritte durch, um Ihre schlechten Angewohnheiten ein für allemal loszuwerden:

SCHRITT 1: Fragen Sie sich: „Welchen Vorteil bringt mir diese Angewohnheit?"

SCHRITT 2: Dann stellen Sie sich die Frage: „Auf welche Weise könnte ich mir diesen Vorteil sonst noch verschaffen? Gibt es irgendeine Belohnung für mich, wenn ich diese schlechte Angewohnheit aufgabe? Z.B.: Wenn ich mit dem Schokolade-Essen aufhöre, nehme ich dann ab und fühle ich mich rundherum besser?"

SCHRITT 3: Als nächstes fragen Sie sich: „Bin ich bereit, meine schlechte Angewohnheit zugunsten dieser Belohnung, dieses neuen Vorteils aufzugeben?" So können Sie feststellen, ob es Ihnen mit dem Willen, aufzuhören, wirklich ernst ist.

SCHRITT 4: Setzen Sie nun ein Ziel fest und stellen Sie sich eine neue Belohnung in Aussicht, z.B.: „Wenn ich drei Tage lang das Nägelbeißen unterlassen habe, kaufe ich mir ein neues Hemd." Setzen Sie sich längerfristige Ziele mit Belohnungen, bis Sie mit der alten Angewohnheit endgültig gebrochen haben.

Die EMOTION der Wahl

Könnten Sie an einen beliebigen Ort fliegen, indem Sie eben mal die **HACKEN ZUSAMMENSCHLAGEN**? Wohl kaum, aber Sie könnten sich dadurch mit Sicherheit in einen anderen Gefühlszustand versetzen.

Sie werden das kennen: Wenn plötzlich das Lied eines lange vergangenen Sommers wieder erklingt, wenn jemand auf ganz bestimmte Weise Ihnen freundlich seine Hand auf die Schulter legt ... kann das Erinnerungen an starke Gefühlsmomente auslösen.

Derartiges können Sie bewußt als Auslöser einsetzen, um sich positive Gefühle nach Belieben zugänglich zu machen. Um einen solchen „Anker" zu kreieren, brauchen Sie nur irgendeine Geste oder Bewegung – das Zusammenklicken Ihrer Absätze, das Zusammendrücken von Daumen und Zeigefinger – mit dem Wunsch-Gefühl zu assoziieren, und Sie können dieses wie auf Knopfdruck nach Belieben reaktivieren.

Probieren Sie es aus, wenn Sie z.B.:

über mehr Selbstvertrauen verfügen wollen;

Ihre erotische Ausstrahlung erhöhen wollen;

sich entspannen wollen.

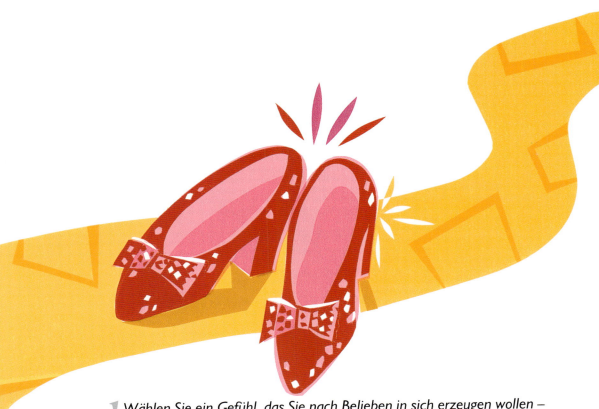

1 Wählen Sie ein Gefühl, das Sie nach Belieben in sich erzeugen wollen – z.B. Zufriedenheit, Freude.

2 Denken Sie sich etwas aus, das dieses Gefühl bildlich symbolisiert – z.B. Ihre Lieblingsschuhe, ein liebes Haustier.

3 Denken Sie sich ein passendes Wort aus, das Sie zu sich selbst sagen – z.B. „Yippie!!" oder „Hurra" –, wenn Sie sich dieses Symbol visualisieren.

4 Verändern Sie Ihre Körperhaltung so, daß in ihr ein entsprechender positiver Geisteszustand zum Ausdruck kommt. Wiederholen Sie diese Veränderung Ihrer Körperhaltung fünfmal.

5 Wählen Sie einen physischen Anker als Auslöser – z.B. das Zusammenklicken Ihrer Absätze oder das Berühren eines Ohrläppchens.

6 Dann feuern Sie diesen Anker ab und lassen sich überraschen – Simsalabim!

Die Swish-Technik

Drücken Sie sich manchmal davor, **FORMULARE AUSZUFÜLLEN**, den **HAUSPUTZ** zu erledigen oder sich **SPORTLICH** zu betätigen, weil es Ihnen davor graut? Stellen Sie sich jetzt mal vor, wie froh, ja begeistert Sie sein könnten, wenn es Ihnen in Zukunft gelänge, Aufgaben der unangenehmeren Art mit einer positiven Einstellung in Angriff zu nehmen und sie hinter sich zu bringen, statt sie dauernd auf später zu verschieben.

Die SWISH-TECHNIK wird es Ihnen ermöglichen, bislang verhaßte Tätigkeiten positiv anzugehen.

Verwenden Sie die SWISH-Technik, wenn Sie ein **NEGATIVES** Gefühl in ein **POSITIVES** verwandeln wollen. Wenn Sie das regelmäßig tun, werden Sie mit Stolz auf das blicken, was Sie geschafft haben, anstatt sich mit Schuldgefühlen über unerledigte Dinge herumzuschlagen.

1 Visualisieren Sie eine **UNANGENEHME PFLICHT**, die Sie in **POSITIVEM** Licht sehen wollen, z.B. Ihre Steuererklärung.

2 Sehen Sie sich dann selbst vor Ihrem inneren Auge, wie Sie sich **GUT** und **GLÜCKLICH** fühlen: Sie haben Ihre Steuererklärung erledigt.

3 Plazieren Sie dieses **ZWEITE** Bild in Ihrer Vorstellung in eine der beiden unteren Ecken Ihres **ERSTEN** Bildes.

4 Jetzt **SWISHEN** Sie die beiden Bilder, d.h., Sie ersetzen ganz schnell das erste Bild durch das zweite.

5 Machen Sie das **20** mal hintereinander.

In Zukunft wird nun immer dann, wenn Sie an die unangenehme Aufgabe denken, Ihr Gehirn automatisch diesen SWISH zu dem angenehmen Bild vollziehen, so daß Sie diese Aufgabe jetzt mit Freude und Schwung angehen können.

AUF ERFOLG PROGRAMMIERT

STREICHEN Sie das Wort

„VERSUCHEN"

aus Ihrem Vokabular!

VERSUCHEN SIE, DAS ZENTRUM DIESER ZIELSCHEIBE ZU BERÜHREN!

Sicher haben Sie das Zentrum der Zielscheibe berührt – doch dann haben Sie es berührt, nicht versucht, es zu berühren. Jetzt **VERSUCHEN** Sie noch einmal, es zu berühren. Wenn Sie es berühren, so heißt das nur, daß Sie nicht wirklich **VERSUCHT HABEN**, es intensiv genug zu versuchen.

Normalerweise machen wir uns nicht bewußt, daß „versuchen" einen Zustand des Nicht-Erreichens, des Mißerfolgs bezeichnet. Häufig „versuchen" wir, etwas zu tun, und wundern uns, daß wir es nicht fertigbringen. Wenn Sie dieses Wort aus Ihrem Wortschatz verbannen, werden Sie von einem, der etwas nur versucht, zu jemandem, der es wirklich tut. Von nun an sagen Sie, Sie tun es oder Sie seien im Begriff, es zu tun. Ihrem Gehirn wird dadurch die Botschaft vermittelt, daß Sie tatkräftig sind und erfolgreich in dem, was Sie anpacken.

Sie sind einfach grossartig!

Sicher gibt es einiges an Ihnen, das andere Menschen als besonders, als einzigartig ansehen. Doch Sie selbst sind sich dieser Eigenschaften vielleicht gar nicht bewußt.

Sie sind EINZIGARTIG

Machen Sie die folgenden Übungen, um sich diese Einzigartigkeit vor Augen zu führen:

1 Nehmen Sie Stift und Papier und schreiben Sie auf, was Ihnen an Positivem zu Ihnen selbst einfällt. Denken Sie dabei auch an POSITIVE Kommentare anderer über Sie. Sie müssen ihnen nicht einmal Glauben schenken! Schreiben Sie fünf bis acht Eigenschaften auf.

2 Holen Sie ein Bild von sich vor Ihr inneres Auge. Sollten Sie eher deprimiert sein, ist das wahrscheinlich ein kleines, dunkles Bild. Stellen Sie sich nun vor, wie Ihre Freunde Ihre GUTEN SEITEN bemerken und darüber sprechen, und sehen Sie sich selbst, wie Sie die Komplimente freudig entgegennehmen, statt Sie mit einem Schulterzucken abzutun.

hilfreich sympathisch freundlich unbeschwert mitfühlend

großzügig fürsorglich warm witzig vertrauensvoll

zärtlich sanft weise lustig intelligent ehrlich

Das Bild wird sich verändern. Zum Beispiel:

Es wird größer.

Es rückt näher.

Es wird heller und farbiger.

Sie können in das Bild eintreten und es so noch wirklichkeitsnäher werden lassen.

3 Wenn Sie sich deprimiert fühlen und Ihr Selbstwertgefühl ganz unten ist, BESCHWÖREN Sie dieses Bild herauf und konzentrieren Sie sich auf Ihre positiven Eigenschaften, auf Ihre Einzigartigkeit.

4 Sie werden sehen, daß sich dieses VORSTELLUNGSBILD immer mehr VERWIRKLICHT, weil Sie diesem positiveren Bild in Ihrem täglichen Leben mehr und mehr entsprechen und es mit Leben füllen.

Sagen Sie Nicht Nicht

Lesen Sie weiter und denken Sie dabei **NICHT** an frisch gepreßten Orangensaft ... und schon gar **NICHT** an **ORANGEN MIT LILA PUNKTEN**!

HABEN SIE EBEN AN

ORANGEN GEDACHT?

Dies zeigt die Auswirkung, die ein **„NICHT!"** haben kann – es bewirkt, daß genau das **GEGENTEIL** dessen gedacht wird, das beabsichtigt war.

Das gleiche Prinzip gilt für negative Vorstellungen aller Art. Es ist weitaus wirkungsvoller zu sagen: *„Es wird schon gutgehen"* als das übliche *„Mach dir keine Sorgen"*.

Richten Sie Ihr Denken auf das, was Sie WOLLEN, nicht auf das, was Sie NICHT wollen.

Formulieren Sie einen „Ich-will"-Satz, der Sie aktiv und kraftvoll macht.

„NICHT" bringt es nicht!

2
ÖFFNEN SIE IHRE SINNE!

Wie nehmen Sie die Welt wahr? Sicher hat sich in Ihrer Wahrnehmung einiges geändert, seit Sie ein Kind waren und Ihnen ein Sommertag wie eine ganze Ewigkeit erschien. Was Sie von der Welt wahrnehmen, passiert zuerst den Filter Ihrer Sinne; das, was Sie sehen, hören, fühlen, schmecken und riechen hat also einen enormen Einfluß auf Ihr Leben und auf Ihre Weltsicht. Lernen Sie in diesem Kapitel, Ihre Sinne neuen Erfahrungen zu öffnen und den ganzen Reichtum zu genießen, der sich Ihnen bietet. Selbst wenn Sie jetzt schon jede Menge Freude in Ihrem Leben haben – mit Hilfe dieser Methode wird es noch mehr werden.

Visuelle Feinabstimmung

Das **SEHEN** gehört zu den Sinneskanälen, auf die wir am meisten zurückgreifen. Werbeplakate, Fernsehen – unaufhörlich werden wir mit Tausenden von Farben und Formen bombardiert.

Ist Ihnen schon einmal der Gedanke gekommen, daß Sie *auswählen* können, was Sie sehen?

Machen Sie die folgenden Übungen, um bei dem, was Sie sehen, wieder Spaß und Begeisterung zu empfinden. Sehen Sie die Welt auf völlig neue Weise und verändern Sie damit auch die Funktionsweise Ihres Gehirns.

Achten Sie eine Woche lang bewußt auf EINE EINZIGE FARBE

Schulen Sie sich eine Woche lang darin, überall die Farbe Rot herauszufiltern. Schauen Sie auf ein Mohnblumenfeld, streichen Sie mit dem Blick über eine grüne Masse hin, aus der sich farbige Flecken abheben, suchen Sie sich alles Rote heraus und nehmen Sie es jedesmal bewußt zur Kenntnis.

Holen Sie sich das kindliche STAUNEN zurück

Stellen Sie sich vor, Sie hätten noch nie einen Aufzug gesehen. Was soll das sein – die Wand öffnet sich, und die Leute gehen hindurch?! Was in aller Welt soll das bedeuten? Wir Erwachsenen vergessen nur allzu oft, wie verrückt unsere Welt kleinen Kindern vorkommen muß.

Stellen Sie sich ein Gebäude vor, das SIE nach Lust und Laune selbst entwerfen könnten

Welche Farbe hätte das Gebäude? Würden Sie ein lila Glasgebäude entwerfen und es mit einem in die Höhe strebenden spiralförmigen Dachgarten krönen? Zeichnen Sie eine Mischung aus Ihrem Phantasiegebäude und dem, was Sie um sich herum sehen können. Das Ergebnis ist vielleicht künstlerisch nicht besonders wertvoll, aber es wird Ihnen auf jeden Fall helfen, viele Dinge auf neue Weise zu sehen.

GESCHMACKSSACHE

Schweifen Sie im Geiste ab, wenn Sie etwas gewohnheitsmäßig tun, z.B. beim Essen? „Gleich bin ich damit fertig, und dann werde ich…"?! Vergessen Sie manchmal, daß Sie überhaupt etwas gegessen haben? Dann entgeht Ihnen das Eß-Erlebnis UND die Erfahrung, wie Ihr Essen schmeckt.

Holen Sie sich etwas, was Sie gerne essen, und achten Sie mal darauf, wie es WIRKLICH schmeckt. Dabei spielt es keine Rolle, ob Sie Schokolade, Obst oder etwas Pikantes zu sich nehmen.

Stellen Sie sich vor, daß Sie dieses Lieblingsessen jetzt zum allerersten Mal zu sich nehmen. Wie schmeckt es wirklich? Wie fühlen Sie sich beim Essen? Nehmen Sie sich für jeden Bissen einige Minuten Zeit und kauen Sie gründlich – wo in Ihrem Mund spüren Sie jetzt angenehme Empfindungen?

Nehmen Sie sich Zeit, Ihr Essen WIRKLICH zu genießen

Behalten Sie diesen Genuß, den es Ihnen bereitet hat, wirklich zu schmecken, was Sie aßen, im Gedächtnis. Essen Sie in Zukunft langsam und konzentrieren Sie sich darauf, alles ganz genau zu schmecken. So werden Sie eine ganz andere Befriedigung aus Ihrem Essen ziehen.

GEFÜHLE

Jeder kennt sie – die tägliche Achterbahn der Emotionen.

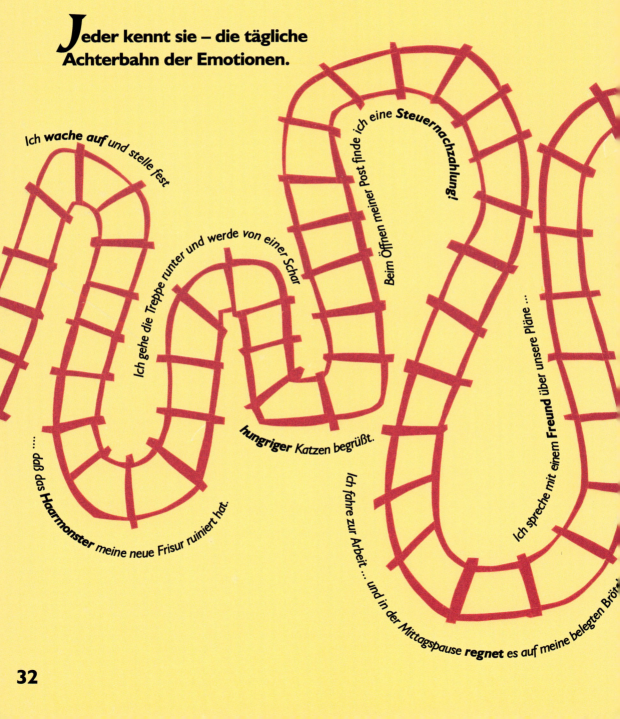

Jeder kennt solche Tage: Beim Aufstehen ist alles noch in Ordnung, um die Mittagszeit herum fällt man in ein Loch der Verzweiflung, und nachmittags sieht alles wieder erträglicher aus. Wir gehen durch die unterschiedlichsten Gefühle – Wut, Abscheu, Freude, Langeweile, Zweifel, Sorge und Begehren. Erkennen Sie jedes einzelne dieser Gefühle, wenn es sich bemerkbar macht, mit: „Ah... das ist Wut" oder: „Das ist Zufriedenheit" an. Auf diese Weise verschaffen Sie sich die erforderliche Freiheit, diese Achterbahnfahrt am Ende sogar zu genießen.

*für eine **Wochenendfete**.*

*Ich rüste mich für eine **Verabredung**. Tolles Abendessen! Und jetzt habe ich die nötige Bettschwere – es geht berglauf.*

Nehmen Sie jede auftauchende Emotionsregung bewußt zur Kenntnis, und Sie werden eine tiefgreifende Veränderung erleben. Stellen Sie sich die Achterbahn der Emotionen von außen gesehen vor, sehen Sie sie mit all Ihren Windungen, Bergen, Tälern und Kurven, und Sie verlieren das Gefühl, ihr hilflos an den Sitz gekettet ausgeliefert zu sein. Auf diese Weise können Sie lernen, daß Sie HERR IHRER GEFÜHLE sind – nicht umgekehrt.

WIE DIE ROSEN DUFTEN

Hunderte von Düften wirken täglich auf uns ein. Einige davon atmen wir tief ein – wir wollen Sie förmlich essen. Dann wieder halten wir uns schleunigst die Nase zu.

Weckt der Duft Ihres Kaffees am Morgen Ihre Lebensgeister? Kann der Hauch eines guten Parfums Ihnen die Augen für die Attraktivität eines bestimmten Menschen öffnen? Und was ist mit dem Hund, der ja wirklich süß aussieht, aber doch ... riecht?!

Nehmen Sie sich zwei verschiedene Örtlichkeiten vor, z.B. den Garten und die Küche. Was gibt es da an Gutem und weniger Gutem zu riechen? Fällt Ihnen auf, wie Sie die Gerüche, die Ihnen unangenehm sind, zu vermeiden versuchen, anstatt sie einfach so, wie sie daherkommen, zu akzeptieren?

Wenn Sie Ihre Sinnesorgane trainieren, bei unangenehmen Eindrücken einfach dichtzumachen, laufen Sie Gefahr, auch ganz tolle Dufterlebnisse zu verpassen!

Das Leben besteht aus allerhand, das wir angenehm, und aus allerhand, das wir unangenehm finden.

Lernen Sie, alle auftretenden Sinneseindrücke so zu akzeptieren, wie sie sind, und Sie werden imstande sein, in nahezu allen Situationen Ihr emotionales Gleichgewicht zu bewahren.

Lauschen Sie der Musik des Regens...

Wenn Sie einmal in einem ganz stillen Raum zu sitzen meinen – hören Sie ganz genau hin. Fast ständig gibt es – von Ihnen unbemerkt – irgendwelche Geräusche.

Lassen Sie diese Geräusche zu Ihrem ganz privaten Symphonieorchester werden. Lauschen Sie einer Musik neuen Stils – der Musik des Moments, der Gegenwart.

Insbesondere der Regen hat seine eigene Melodie, seinen eigenen Rhythmus.

Wenn es wieder einmal regnet, hören Sie dem Regen zu, wie er fällt oder vom Geäst eines Baumes herabtropft. Was macht das mit Ihnen? Macht es Sie froh, wenn es mal so richtig schüttet? Gibt es Ihnen ein Gefühl der Entspannung, wenn es leise regnet? Wirkt es beruhigend auf Sie? Lauschen Sie auf die Unterschiede, die sich je nach der Oberfläche ergeben, auf die der Regen fällt.

Lauschen Sie der Musik des Regens ... und erweitern Sie Ihre neu gewonnenen Hörfähigkeiten auf das Erkennen der Tiefenqualitäten anderer Klänge und Töne. Es ist durchaus möglich, daß Sie soviel Sensibilität entwickeln, daß Ihnen die Nuancen dessen bewußt werden, was andere Menschen WIRKLICH sagen. Das macht Gespräche viel interessanter, und wenn Sie einmal angefangen haben, WIRKLICH auf die Hintergründe zu achten, die hinter den Worten liegen, werden Ihre Beziehungen in jeder Hinsicht Bereicherung erfahren.

3
VON MENSCH ZU MENSCH

Gehen Sie wie selbstverständlich davon aus, daß Ihre Art und Weise des Denkens und Handelns in jedem Fall die richtige ist? Sollten Sie das wirklich tun (was ich nicht annehmen möchte), werden Sie kaum erwarten können, auf allgemeine Zustimmung zu stoßen. Im Laufe dieses Kapitels werden Sie Gelegenheit erhalten, einmal aus Ihrer Welt herauszutreten und zu erkennen, worauf andere Menschen Wert legen. Häufig liegt der Schlüssel zu besseren Beziehungen in der Fähigkeit und der Bereitschaft, den Standpunkt unseres Gegenübers zu verstehen. Die folgenden Techniken werden zu einer umfassenden Verbesserung Ihres Kommunikationsgeschicks beitragen.

Sprechende Blicke

Ist Ihnen schon einmal aufgefallen, daß Menschen bestimmte Augenbewegungen machen, während sie sich ihre Antwort auf eine Frage überlegen? Diese Augenbewegungen sind nicht zufällig, sondern folgen einem Muster. Menschen, die ihren Geist nach bestimmten Informationen absuchen, offenbaren dabei, wie sie denken:

BLICK NACH OBEN: Zugriff auf visuelle Bildvorstellungen
BLICK ZUR SEITE: Klangerinnerungen oder -konstruktionen
BLICK NACH UNTEN: Gefühle, Empfindungen, Selbstgespräch

Auch der Blick geradeaus in die Ferne deutet auf Visualisieren hin

VISUELL ERINNERT

VISUELL KONSTRUIERT

AKUSTISCH ERINNERT

„Kennst du jemanden, der einen Bart trägt?"

„Wie würde deine Küche aussehen, wenn du sie mit goldenen Streifen anmalst?"

„Wie geht die Melodie deines Lieblingslieds?"

Wenn wir uns erinnern, tendieren wir dazu, nach links zu blicken. Wir schauen nach rechts, um uns die Zukunft vorzustellen, visuell und auditiv. Etwa 90 % aller Menschen werden diesen Mustern folgen, wenn sie nach einer Antwort auf eine Frage suchen.

AKUSTISCH KONSTRUIERT
„Wie klingt eine Gitarre unter Wasser?"

GEFÜHLE, EMPFINDUNGEN
„Wie würde es sich anfühlen, die Füße in einen Eimer mit Mousse au Chocolat zu tauchen?"

INNERER DIALOG
„Was sagst du zu dir selbst, wenn du Ermutigung brauchst?"

Bei der nächsten Gelegenheit stellen Sie in einem Gespräch Fragen wie: „**Was hast du letztes Wochenende gemacht?**" oder: „**Hast du schon Ferienpläne für nächstes Jahr?**" Beobachten Sie die Augenbewegungen Ihres Gegenübers und gleichen Sie im folgenden Ihre Ausdrucksweise dem, was Sie dabei wahrgenommen haben, an. Sie passen sich damit an die Denkweise des anderen an. Wenn dieser z.B. den visuellen Kanal bevorzugt, machen Sie Bemerkungen wie: „**Das leuchtet ein**" oder: „**Das sieht nach einer guten Idee aus.**" Wenn jemand gehörbetont ist, sagen Sie: „**Ich verstehe genau**" oder: „**Das klingt hervorragend.**" Läuft sein Denken jedoch eher über Empfindungen und Gefühle ab, probieren Sie es mit: „**Das war sicher ein tolles Gefühl**" oder: „**Das wird Ihnen mit Sicherheit behagen.**" Sie werden sofort eine positive Reaktion erkennen können; man wird sich in Ihrer Gegenwart wohl fühlen, weil Sie sich die Mühe machen, so zu kommunizieren, wie es Ihrem Gegenüber entspricht.

Aus Kritik lernen

Reagieren Sie mit Abwehr, wenn eine Kritik Sie unangenehm berührt? Auch wenn es nicht böse gemeint ist, sind einige Zeitgenossen so wenig zartfühlend, daß man sie für Bewohner eines fremden Sterns halten könnte. Wenn sie ihre Beleidigungen auf Sie abfeuern, brennt die Verletzung in Ihnen so tief, als wären Sie an Ihrer empfindlichsten Stelle mit einer Strahlenkanone beschossen worden.

Würden Sie sich nicht weitaus besser fühlen, wenn Sie ganz selbstverständlich auf Kritik jeder Art auch besser reagieren könnten? Gehen Sie die folgenden Schritte durch:

Fragen Sie sich:

„Würde ich in der Haut des anderen stecken – was wäre dann meine Absicht, wenn ich eine solche Kritik vorbrächte?"

Und dann:

Betätigen Sie den Strahlendeaktivator!

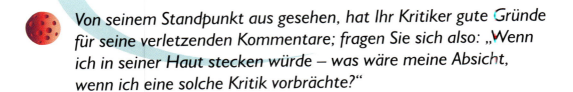

- Von seinem Standpunkt aus gesehen, hat Ihr Kritiker gute Gründe für seine verletzenden Kommentare; fragen Sie sich also: „Wenn ich in seiner Haut stecken würde – was wäre meine Absicht, wenn ich eine solche Kritik vorbrächte?"

- **Lassen Sie die Konfrontationssituation noch einmal in einer objektiven, imaginären Position außerhalb Ihrer eigenen Person vor sich ablaufen. Können Sie erkennen, wie die Situation, von einem objektiven Standpunkt aus betrachtet, aussieht? Sehen Sie der Interaktion zwischen Ihnen und Ihrem Kontrahenten von außen zu. Verhilft Ihnen dies zu einer neuen Einsicht über die erfolgte Kritik?**

- Im Lichte dieser neuen Einsicht lassen Sie die Kritik noch einmal in Ihrem Geiste ablaufen und erkennen Sie die zugrundeliegende Absicht. Reagieren Sie nicht mit Abwehr. Nehmen Sie die Kritik zur Kenntnis, um im Falle einer vergleichbaren Situation positiv zu reagieren. Auf diese Weise lassen sich mögliche zukünftige Attacken uminterpretieren – sogar die von wirklichen Außerirdischen!

NAMEN AUF ANHIEB BEHALTEN

Ist es Ihnen auch schon passiert, daß Sie den Namen einer Person, gleich nachdem sie Ihnen vorgestellt wurde, sofort wieder vergessen haben? Das geht nicht nur Ihnen so. Die wenigen Glücklichen jedoch, die dieses Problem nicht haben, machen sich einen Spaß daraus, Namen zu behalten, indem sie die Sache spielerisch angehen:

Sie können einen Namen, sagen wir: Herr Grotins, mit „Großfuß" assoziieren und sowohl visuell – Herr Grotins hat einen oder lebt auf großem Fuß – als auch vom Klang her zusammen mit dem Gesamteindruck oder mit hervorstechenden Zügen dieser Person abspeichern. Das geht natürlich besonders gut mit Namen wie Herr („schlauer") Fuchs, Herr („der König der Tiere") Löwe oder Frau Meulen, die sich auf „Eulen" reimt.

„Noch etwas Tee, Herr Dingsda?"

Werden Sie mit jemandem bekannt gemacht, achten Sie genau auf Gesichtszüge, Kleidung und Auffälligkeiten und verbinden Sie diesen visuellen Eindruck mit dem Namen des Betreffenden.

Nicht immer muß ein Reim entstehen, doch eine Ähnlichkeit des Klangs ist auf jeden Fall sehr hilfreich.

Metaphern können so hilfreich sein

Wenn die Dinge mal nicht so laufen, sagen wir häufig: „Ich bin am Boden zerstört!" oder: „Mein Leben ist ruiniert!" Läuft alles einwandfrei, sagen wir: „Ich bin wie im siebten Himmel!" oder: „Das Leben ist ein Fest." Solche Metaphern bestimmen oft unsere Einstellung zum Leben.

In dem Maße, wie Sie sich mit den Metaphern vertraut machen, die Sie verwenden, versetzen Sie sich in die Lage, Ihre Weltsicht grundlegend zu verändern. Sie erwerben dadurch auch die Fähigkeit, anderen zu helfen, alle möglichen Situationen anders wahrzunehmen. Wie läßt sich das bewerkstelligen?

Stellen Sie sich vor, einer Ihrer Freunde arbeitet ständig zu viel und wirkt sehr erschöpft. Wenn Sie ihn fragen, wie er sich fühlt, sagt er vielleicht: „Ich fühle mich so, als trüge ich die Last der Welt auf meinen Schultern." Wenn er keine Metapher verwendet, können Sie ihn dazu anregen. Und dann stellen Sie Fragen, um die Metapher richtig lebendig werden zu lassen.

Stellen Sie folgende Fragen:

Wo befindet sich diese Last?

Hat sie eine Farbe, eine Form?

Woher stammt sie?

Was geschieht, unmittelbar bevor sie sich wieder bemerkbar macht?

Was macht sie mit dir?

Was war diese Last, bevor sie zur Last wurde?

Und was geschieht jetzt?

Metaphern machen häufig eine Veränderung durch, wenn man neue Sichtweisen ins Spiel bringt. Die Metapher entfaltet sich, der Blickwinkel Ihres Freundes wird ein anderer, und seine Fähigkeit, mit dem Problem umzugehen, wächst. In einfachen Worten: Erwecken Sie Ihre Metaphern zum Leben, und verändern Sie damit die Art und Weise, wie Sie Probleme wahrnehmen, zum Positiven.

VERWANDELN SIE DIE BÜRDE IN EINE KRAFT, DIE SIE AUFRICHTET UND EMPORTRÄGT!

WIE DENKT IHR GEGENÜBER?

Ist Ihnen schon einmal aufgefallen, daß bestimmte hervorstechende Persönlichkeitsmerkmale zur Folge haben, daß das entsprechende Verhalten leicht vorauszusehen ist? Diesen Merkmalen liegen persönliche Schemata zugrunde, die in etwa einer gefärbten Brille gleichen, durch die wir die Welt wahrnehmen. Jede Entscheidung, die wir treffen, ist gefärbt durch diese Brille, die wir ständig tragen – in anderen Worten: Unsere Beurteilungskriterien sind immer die gleichen.

ZU DEN WICHTIGSTEN DENK- UND VERHALTENSSCHEMATA DIESER ART GEHÖREN:

HIN ZU / WEG VON Die Neigung, auf Wunschziele hinzuarbeiten, im Gegensatz zu der Neigung, Unangenehmem aus dem Weg zu gehen.

INNEN- / AUSSENORIENTIERT Entscheidungen werden gefällt aufgrund der eigenen Meinung bzw. man richtet sich eher nach anderen.

OPTIONS- / VERFAHRENSORIENTIERT Manche Leute möchten über Wahlmöglichkeiten verfügen und selbständig Alternativen entwickeln, während andere sich lieber an vorgegebene Verfahrensweisen halten.

GLOBAL- / DETAILORIENTIERT
Der Betreffende hat eher das große Ganze im Blick / interessiert sich eher für die Details der Ausführung.

PROAKTIV / REAKTIV
Proaktive Menschen schreiten von sich aus zur Aktion; reaktive handeln in Reaktion auf Ereignisse.

GEMEINSAMKEITEN / UNTERSCHIEDE
Im Vergleichsfall werden eher bestehende Gemeinsamkeiten bzw. die vorhandenen Unterschiede betont.

Hören Sie genau hin, welche Worte Ihr Gegenüber wählt, machen Sie sich das zugrundeliegende Denkschema bewußt und beziehen es in Ihre Antwort mit ein. Wenn jemand z.B. sagt: „Ich werde jetzt voll in die Arbeit einsteigen, um mir dann einen schönen Urlaub leisten zu können", können Sie daraus schließen, daß er detailbewußt ist und durch ein bestimmtes Ziel motiviert wird.

Nutzen Sie dieses Wissen zu Ihrem Vorteil. Beispielsweise mag es sein, daß Ihr Kollege detailfixiert ist und den Sinn für das große Ganze vermissen läßt, doch gerade diese Liebe zum Detail kann sich in zahlreichen Situationen als ausgesprochen wertvoll erweisen.

Vorbilder nutzen

Kennen Sie einen Menschen, bei dessen Anblick Ihnen schon einmal der Gedanke gekommen ist: „Wow, so möchte ich auch sein!"? Jemand aus Ihrer Verwandtschaft vielleicht, eine Kollegin, ein Freund? Wenn Sie eine neue Fähigkeit erlernen wollen, haben Sie zwei Möglichkeiten: Entweder Sie eignen sich alles auf eigene Faust an, oder Sie bitten ein entsprechendes Vorbild um Hilfe. Stellen Sie Fragen, finden Sie heraus, wie der Betreffende es anstellt, seine Ziele zu erreichen. Lassen Sie sich sein geheimes Erfolgsrezept geben. Nur keine vornehme Zurückhaltung! Die meisten Menschen fühlen sich geschmeichelt, wenn ihre Talente gewürdigt werden, und helfen Ihnen gerne weiter.

Bedenken Sie: Wenn Sie ein Vorbild zu Hilfe nehmen, müssen Sie das Rad nicht ständig neu erfinden. Haben Sie einen Mentor, der Ihnen zur Seite steht, lassen sich auch schwierigere Lernphasen leichter überstehen.

*Präzisieren Sie, was Sie genau wollen,
indem Sie folgende Fragen durchgehen:*

Was benötigen Sie, um eine bestimmte Fähigkeit zu beherrschen?

Was versprechen Sie sich davon?

Was sind Ihre Ziele für jedes Lernstadium?

Wie fühlen Sie sich beim Ausüben dieser Fähigkeit?

Was denken Sie dabei?

Woran messen Sie Ihre Fortschritte?

Fragen Sie immer weiter, bis Sie alles wissen und die Fähigkeit selbst beherrschen.

All das ist schön und gut, wenn Ihnen ein entsprechendes Rollenmodell zur Verfügung steht. Und wenn nicht: Geben Sie nicht auf! Beobachten Sie Menschen, die über die entsprechenden Fähigkeiten verfügen – achten Sie auf deren Körperhaltung; beobachten Sie, wie sie atmen, wie sie sich bewegen – und dann ahmen Sie sie einfach nach. So versetzen Sie sich quasi in die Empfindungen Ihres Vorbilds hinein. Das zentrale Nervensystem aller Menschen hat die gleiche Struktur – deshalb können Sie sich die Empfindungen, das innere Erleben eines Menschen, zugänglich machen, indem Sie dessen zur automatischen Fähigkeit gewordenes Verhalten nachahmen. Beobachten Sie einen Komiker im Fernsehen und übernehmen Sie seinen Tonfall, sein Timing. Wählen Sie ein Vorbild, kommen Sie ihm auf die Schliche und eignen Sie sich mit seiner Hilfe die gewünschten Fähigkeiten an.

Lernen Sie durch Beobachtung, WIE geschickt sich manche Menschen anstellen

Logische Ebenen auf das Stockwerk kommt es an!

Ist Ihnen klar, wieviel die sprachliche Ausdrucksweise eines Menschen über seine Lebenseinstellung verrät? Wenn Sie darin geübt sind, Gesprochenes auf die – unten beschriebenen – logischen Ebenen richtig einzuordnen, wird Sie dies in die Lage versetzen, effektiver zu kommunizieren und anderen beim Lösen von Problemen behilflich zu sein.

LOGISCHE EBENEN:

1 *UMGEBUNG* – Die Sie umgebenden Bedingungen einschließlich anderer Menschen

2 *VERHALTEN* – Was Sie tun

3 *FÄHIGKEITEN* – Was Sie können

4 *ÜBERZEUGUNGEN* – Was Sie glauben

5 *IDENTITÄT* – Was Sie innerlich sind

6 *SPIRITUALITÄT* – Was Sie letztendlich anstreben – Ihre höchsten Ziele

Als einfaches Beispiel soll uns das Abfall-Recycling dienen. Einer Ihrer Mitarbeiter weigert sich, sein Altpapier in die richtige Tonne zu tun. Wenn Sie das ändern wollen, fragen Sie ihn, warum er das nicht tut, und stellen Sie fest, auf welcher logischen Ebene die Antwort angesiedelt ist.

Liegt das mangelnde Recycling-Engagement darin begründet, daß
- zu wenig Papiermülltonnen aufgestellt sind (UMGEBUNG – läßt sich leicht verändern);
- die Überzeugung vorliegt, daß Recycling nichts bringt (ÜBERZEUGUNG – läßt sich vielleicht durch ein Gespräch klären);
- der Betreffende sich nicht für jemanden hält, der sich für so was wie Recycling interessiert (IDENTITÄT – hier ist eine Veränderung des Identitätsgefühls erforderlich)?

Stellen Sie fest, welcher logischen Ebene die Antwort zuzuordnen ist, und richten Sie Ihre weitere Vorgehensweise danach.

Häufig geht von einer Veränderung, die auf einer niedrigeren logischen Ebene erfolgt, nur wenig Wirkung auf die höheren Ebenen aus, während eine Veränderung der höchsten (spirituellen) Überzeugungen meist auch eine Veränderung der Umgebungsbedingungen zur Folge hat. Wenn Sie z.B. die Entscheidung treffen, daß Recycling eine moralische Verpflichtung darstellt (SPIRITUALITÄT), werden Sie zum Recycler (IDENTITÄT). Eine derartige Veränderung, die „von oben nach unten" erfolgt, kann Ihr weiteres Leben tiefgreifend und nachhaltig beeinflussen.

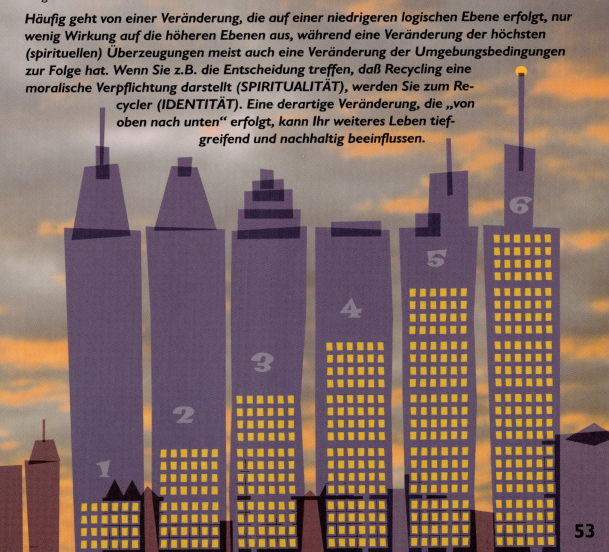

Das reinste Spiegelbild

Haben Sie Spaß daran, Menschen zu beobachten? Fast jeder macht das gern. Sehen Sie sich um – Sie werden bemerken, daß, wo gutes Einvernehmen herrscht, die Betreffenden automatisch ähnliche Körperhaltungen einnehmen – ihre Sitzposition ist die gleiche, die Haltung ihrer Arme und Beine weist Übereinstimmungen auf. Ein weniger gutes Einvernehmen läßt sich in der Regel daran erkennen, daß eine solche Übereinstimmung in Haltung und Bewegung nicht gegeben ist.

Nehmen Sie sich Zeit, die Körpersprache eines Menschen genau zu studieren, und Sie werden eine Menge über ihn in Erfahrung bringen. Wenn Sie noch einen Schritt weitergehen und sich der Körpersprache Ihres Gegenübers angleichen, wird dies Ihre gegenseitige Empathie verstärken, was überaus positive Auswirkungen auf Ihre Privat- oder Arbeitsbeziehungen zur Folge haben kann.

Betrachten Sie Ihr Gegenüber von Kopf bis Fuß. Achten Sie auf seine Bewegungen und versuchen Sie sich vorzustellen, wie Sie sich fühlen würden, wenn Sie das gleiche täten. Ist er gerade in Hochstimmung, geben auch Sie sich angeregt, um so die gegenseitige Übereinstimmung zu verstärken.

Achten Sie auf die Stimme Ihres Gegenübers. Spricht er oder sie leise, senken auch Sie Ihre Lautstärke. Spricht Ihr Gegenüber mit lauter Stimme, tun Sie das gleiche. Stellen Sie Ihren eigenen Gemütszustand für einen Moment hintan und konzentrieren Sie sich darauf, den Ihres Gegenübers zu entschlüsseln. Solange Sie dabei entspannt und selbstsicher vorgehen, wird keinem etwas auffallen.

Mit etwas Übung wird es Ihnen bald gelingen, diese Methode mühelos anzuwenden. Sie verfügen damit über ein weiteres subtiles Mittel, anderen Ihren Standpunkt nahezubringen. Damit können Sie sich jeder Situation geschickt anpassen, und sei diese noch so ungewöhnlich. Werden Sie zum Chamäleon!

EMOTIONEN

Kennen Sie jemanden, mit dem zusammen zu sein jede Menge Spaß garantiert? Oder einen Menschen, der einen beruhigenden Einfluß auf Sie ausübt? Wenn Sie den einen oder anderen wieder einmal treffen, dann achten Sie genau auf die Worte, die gesagt werden und von denen diese Wirkung ausgeht. Wenn Sie dann selber Ihre Stimmung in die eine oder andere Richtung verändern wollen, stehen Ihnen die sprachlichen Werkzeuge zur Verfügung, mit deren Hilfe Sie sich aufheitern bzw. besänftigen können.

Um jemanden so richtig IN STIMMUNG ZU BRINGEN, verwenden Sie grelle, gewagte Ausdrücke wie:

irre!

sensationell!

orgastisch!

total verrückt!

phantastisch!

Zur BERUHIGUNG verwenden Sie Worte wie:

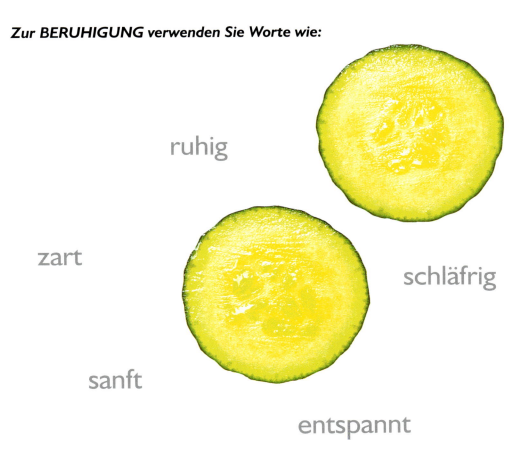

ruhig

zart

schläfrig

sanft

entspannt

Sprechen Sie schnell, wenn Sie Begeisterung oder Engagement hervorrufen wollen. Sprechen Sie langsam, wenn Sie das Gegenteil erreichen wollen.

Seien Sie Präzise!

Machen Sie aus einer Mücke schon mal einen Elefanten? Und wenn es nicht so läuft, sagen Sie dann gleich: „Das Leben ist schwer!"? Das ist negatives Denken – und es stimmt nicht einmal! Ein schlechter Tag ist nicht das ganze Leben. Vielleicht geht es auch nur um ein einziges Mißgeschick an diesem Tag, das einen unangenehmen Nachgeschmack hinterlassen hat. Nur wenn Sie wirklich wissen, was für dieses unangenehme Gefühl verantwortlich ist, können Sie eine objektive Einstellung gewinnen. Stellen Sie sich einige Fragen, die das Problem präzise einkreisen. So wird es auf ein realistisches Ausmaß reduziert und ist viel leichter zu bewältigen.

„Was genau in Ihrem Leben ist schwer?"
„Das Leben überhaupt."

„Wirklich alles in Ihrem Leben?"
„Nein, aber auf der Arbeit hab ich's wirklich schwer."

„Was genau an Ihrer Arbeitssituation?"
„Besonders die Meetings."

„Und worum ging es dabei?"
„Ich habe den Vierteljahresbericht unserer Abteilung vorgelegt."

„Während des gesamten Meetings?"
„Nein, nur eine bestimmte Zeit."

„Wann genau hat Ihnen keiner zugehört?"
„Beim heutigen Meeting."

„Was bei den Meetings ist so schwer zu ertragen?"
„Nie hört einem einer zu!"

Wenn man bestimmte Erlebnisse und Emotionen auf eine Weise hinterfragt, die die genauen Umstände der Situation präzise herausarbeitet, stellt sich meist heraus, daß man in Wirklichkeit aus einer Mücke einen Elefanten gemacht hat.

Reframing: die Kunst des Umdenkens

Schimpfen Sie immer gleich, wenn mal etwas schiefgeht? Verändern Sie Ihre Sichtweise – und Ihr Leben wird zu dem, was es in Wirklichkeit ist: eine einzigartige Erfahrung!

Hier ist eine Geschichte, die Ihnen vielleicht zu denken gibt:

Im alten China lebte einst ein Bauer mit seinem Sohn. Der Sohn brach sich das Bein, woraufhin die Dorfbewohner sagten: *„Wie furchtbar!"* Der Bauer sagte nur: *„Es ist weder gut noch schlecht."*

Tags darauf kamen die Soldaten und nahmen alle jungen Männer des Dorfes mit – bis auf den Sohn des Bauern, der sich das Bein gebrochen hatte. Die Dorfbewohner sagten: *„Welch ein Glück!"* Der Bauer sagte nur: *„Es ist weder gut noch schlecht."*

Tags darauf lief das Pferd des Bauern weg, und die Dorfbewohner sagten: *„Wie schrecklich!"* Der Bauer sagte nur: *„Es ist weder gut noch schlecht."*

Einige Zeit später kam die Stute des Bauern zurück, trächtig, in Begleitung eines Hengstes. Die Dorfbewohner…

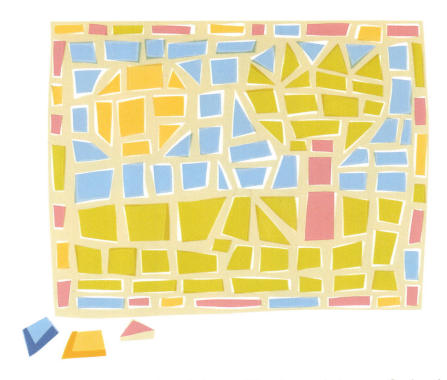

Alles klar? Wenden Sie diese Lehre auf Ihr eigenes Leben an. Sie beeilen sich, zu einem Meeting zu erscheinen, und kommen dort fix und fertig an, nur um zu sehen, daß die anderen auch nicht pünktlich sind. Wenn Sie einmal Klarheit darüber gewonnen haben, daß alles im Leben irgendwann seinen Ausgleich findet, wird es Ihnen leichterfallen, einfach anzunehmen, was Ihnen widerfährt.

Das nächste Mal, wenn eine Vase zu Bruch geht, sagen Sie: **„Oh, daraus ließe sich ein Mosaik basteln!"** Lassen Sie alles, was Ihnen begegnet, zu einer positiven Lernerfahrung werden, statt es nur als schmerzlich und negativ zu erleben. Ihre Lebensqualität wird sich dadurch von einem Moment zum andern entscheidend verbessern.

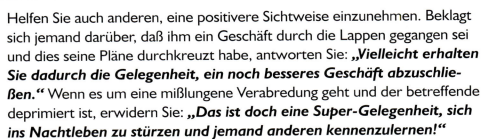

Helfen Sie auch anderen, eine positivere Sichtweise einzunehmen. Beklagt sich jemand darüber, daß ihm ein Geschäft durch die Lappen gegangen sei und dies seine Pläne durchkreuzt habe, antworten Sie: **„Vielleicht erhalten Sie dadurch die Gelegenheit, ein noch besseres Geschäft abzuschließen."** Wenn es um eine mißlungene Verabredung geht und der betreffende deprimiert ist, erwidern Sie: **„Das ist doch eine Super-Gelegenheit, sich ins Nachtleben zu stürzen und jemand anderen kennenzulernen!"**

4

Einheit von Körper und Geist

Haben Sie das Gefühl, daß Ihr Geist und Ihr Körper eine Einheit bilden? Oder empfinden Sie sie als zwei verschiedene Wesenheiten, die nichts miteinander zu tun haben? Allzuoft ist Ihr Körper nichts weiter als ein Vehikel für Ihren Geist. In diesem Kapitel werden Sie ein paar Rezepte kennenlernen, wie Sie die Balance zwischen Körper und Geist wiederherstellen können. Dadurch werden Sie über mehr Energie verfügen und Ihre Effizienz um einiges erhöhen. Sie werden das Gefühl genießen, wieder ein vollständiger Mensch zu sein, und eine Menge mehr im Leben bewältigen können.

Lieben Sie den Teil Ihres Körpers den Sie am meisten ablehnen!

Lehnen Sie einen bestimmten Teil Ihres Körpers besonders ab? Viele Menschen denken z.B., sie hätten zu kurze Beine, andere wiederum sind böse auf irgendeines ihrer Organe, das sie im Stich gelassen und krank gemacht hat. Dabei geschieht es sehr häufig, daß der Betreffende sich von diesem Körperteil abwendet und ihn zum Feind erklärt. Sie werden jedoch zu einem besseren Ergebnis und größeren Seelenfrieden gelangen, wenn Sie die Teile Ihres Körpers, die Sie nicht mögen, in Liebe annehmen.

NEHMEN SIE SICH ZEIT FÜR SICH SELBST UND MACHEN SIE FOLGENDE ÜBUNG:

Legen Sie sich flach auf den Boden und entspannen Sie sich.

Spüren Sie, wie Ihr Körper den Boden berührt.

Erforschen Sie im Geist Ihren Körper; spüren Sie ihn vollständig durch, von den Zehen bis zum Kopf. Stellen Sie sich auch Ihre inneren Organe vor, und richten Sie positive Gedanken auf jeden Bereich Ihres Körpers.

Gehen Sie nun mit Ihrer Aufmerksamkeit zu dem Teil Ihres Körpers, den Sie am wenigsten mögen, und nehmen Sie sich Zeit, sich ihm ganz besonders zuzuwenden. Nehmen Sie ihn zur Kenntnis, akzeptieren Sie ihn und lieben Sie ihn, anstatt ihn mit Nichtachtung zu strafen.

Stellen Sie sich vor, wie zärtliche Küsse diesen Körperteil oder dieses Organ berühren. Spüren Sie, wie dieser Teil von Liebe umhüllt wird.

Lächeln Sie. Und genießen Sie das Gefühl, mit Ihrem Körper wieder voll und ganz eins zu sein.

DREI SCHRITTE ZUM INNEREN FRIEDEN

Gehören Sie auch zu den Leuten, die am Ende des Tages *ERSCHÖPFT* im Sessel zusammensacken? Hier sind einige Verbesserungsvorschläge:

1 ÄNDERN SIE IHRE KÖRPERHALTUNG: Setzen Sie sich aufrecht hin, lassen Sie die Schultern nach unten sinken und denken Sie positiv. Menschen mit einer positiven Einstellung erkennt man an ihrer Körperhaltung.

Wenn Sie bemerken, daß Sie wieder zusammengesunken dasitzen, gehen Sie zu einer *AUFRECHTEN* Haltung über. Es ist ganz schön schwierig, sich schlecht zu fühlen, wenn man aufrecht sitzt. Falls Sie aus Versehen wieder krumm sitzen sollten, richten Sie sich einfach wieder auf, sobald Sie es bemerken.

2 ACHTEN SIE AUF IHREN ATEM: Atmen Sie eher im Bauch, wie kleine Kinder es tun? Oder im oberen Brustkorb? Falls Sie flach atmen, lassen Sie beim Einatmen Ihren unteren Brustkorb weit werden und ziehen Sie ihn beim Ausatmen etwas ein. Gewöhnen Sie sich wieder an, vom Bauch her zu atmen – das sorgt für Entspanntheit und Energie.

3 LERNEN SIE ZU MEDITIEREN: Gewinnen Sie Herrschaft über Ihren Geist durch Konzentration. Setzen Sie sich irgendwohin, wo Sie ungestört sind, und konzentrieren Sie sich auf Ihre Gedanken. Richten Sie dann Ihre Aufmerksamkeit etwa eine Minute lang auf Ihren Atem, wie er in Ihren Körper hinein- und wieder hinausströmt, und Ihre Gedanken werden sich aufzulösen beginnen – zurück bleibt ein klarer Geist. Zur Erhöhung der Konzentration können Sie Ihre Aufmerksamkeit darauf richten, wie Ihr Atem durch Ihre Nasenlöcher strömt.

Beginnt Ihr Geist umherzuwandern? Kehren Sie mit Ihrer Aufmerksamkeit einfach wieder zu Ihrem Atem zurück.

Erweitern Sie Ihr Denken!

Sie kennen das sicher: Ein Name will Ihnen einfach nicht einfallen. Er liegt Ihnen förmlich auf der Zunge, doch er entzieht sich hartnäckig dem Zugriff Ihres Bewußtseins. In dem Moment jedoch, wo Sie den Kampf aufgeben, fällt er Ihnen schlagartig ein.

Wo SIND derartige Informationen gespeichert? Wie können Sie sich Zugang zu ihnen verschaffen?

Ihr Bewußtsein ist nur die Spitze eines Eisbergs – Ihr Unbewußtes ist weitaus umfassender. In ihm sind die Informationen Ihres gesamten Lebens enthalten; es steuert sämtliche Körperfunktionen. Wenn es Ihnen gelingt, diesen enormen Wissensspeicher anzuzapfen, werden sich Ihre Fähigkeiten um das Hundertfache erweitern.

Bitten Sie Ihr Unbewußtes, mit Hilfe der folgenden Technik für Sie zu arbeiten:

1 Fragen Sie Ihr Unbewußtes, ob es bereit ist, mit Ihnen zu kommunizieren. Lautet die Antwort „ja", bitten Sie um ein Signal. Dieses Signal ist meist körperlicher Art, z.B. ein Kribbeln oder eine leichte Beschleunigung des Herzschlags.

2 Bitten Sie zur Sicherheit um eine Wiederholung des Signals.

3 Stellen Sie Ihrem Unbewußten eine Frage. Können Sie das Signal spüren? Dann wurde Ihre Frage mit „ja" beantwortet. Bleibt das Signal aus? In diesem Falle ist die Antwort „nein".

KOMMUNIZIEREN SIE MIT IHREM UNBEWUSSTEN

– wenn Sie vor einer schwierigen Entscheidung stehen

– wenn Sie Zugang zu vergessenen Informationen suchen

– wenn Sie Klarheit in bezug auf Ihre Bedürfnisse gewinnen wollen

NUTZEN SIE BEIDE GEHIRNHÄLFTEN!

Wußten Sie schon, daß Sie Ihre eine Körperhälfte mehr gebrauchen als die andere? Von dem seltenen Fall abgesehen, daß eine Beidhändigkeit vorliegt, wird einer Seite stets der Vorzug gegeben, sei es beim Schreiben, beim Malen oder beim Sport.

WELCHE SEITE BEVORZUGEN SIE?

Zwischen Ihrer bevorzugten Körperhälfte und Ihrem Gehirn besteht eine enge Beziehung, wobei die linke Gehirnhälfte in Verbindung zur rechten Körperhälfte steht und umgekehrt. Lernen Sie, beide Seiten auszugleichen, und erweitern Sie so Ihre Fähigkeiten.

JEDE GEHIRNHÄLFTE hat eine SPEZIELLE Orientierung:

LINKE HEMISPHÄRE: *rational, detailorientiert, analytisch, erstellt Listen, arbeitet sequentiell.*

RECHTE HEMISPHÄRE: *intuitiv, am Gesamteindruck orientiert, kreativ, erkennt Farben und Dimensionen, phantasievoll.*

Gymnastik fürs Gehirn:
Nehmen Sie einen Stift und fangen Sie an, vor sich hin zu kritzeln, und zwar mit der Ihnen ungewohnten Hand. Zu Beginn fällt es Ihnen vielleicht schwer, die Entfernung richtig einzuschätzen und den Stift richtig zu halten, doch fahren Sie einfach fort und lassen Sie Ihren Geist dabei umherschweifen. Bald wird es Ihnen leichterfallen.

Tun Sie es – jetzt.

Kritzeln Sie beim Telefonieren mit Ihrer linken Hand und sehen Sie nach Ende des Gesprächs nach, was Sie an Formen und Gestalten fabriziert haben.

Auch Jonglier-Übungen oder Tai-Chi können Ihre Hemisphärenbalance fördern. Zwar muß man zuerst etwas Zeit investieren, doch es wird nicht lange dauern, und Ihr Gehirn wird eifrig neue Verbindungswege aufbauen, was Ihrer Lernfähigkeit generell zugute kommen wird.

Der Traum
– ein Leben

Hatten Sie schon einmal einen Traum, bei dem Sie das Gefühl hatten, bei vollem Wachbewußtsein zu sein? Ein tolles Erlebnis, nicht? Das nennt man „luzides Träumen" – man schläft tief und fest und wird sich plötzlich mitten in einem Traum bewußt, daß man träumt.

Sie können sich darin üben, nicht nur Ihre Träume zu erinnern, sondern auch innerhalb eines Traums wach zu werden, Ihre Traumumgebung zu erkunden und das Traumgeschehen zu beeinflussen. Nehmen Sie sich z.B. vor, im Traum auf die eigenen Hände zu schauen, und dies als Signal dafür zu nutzen, daß Sie jetzt aktiv ins Traumgeschehen eingreifen.

Falls es Ihnen bisher schwergefallen ist, sich an Ihre Träume zu erinnern, nehmen Sie sich einfach vor dem Einschlafen bewußt vor, auf Ihre Träume zu achten – das kann helfen.

Ein paar tiefe Atemzüge, und Sie werden Ihr neues Traumleben entdecken und sogar Regie darin führen!

Stellen Sie Ihren Wecker vor dem Einschlafen so, daß er eine Viertelstunde früher klingelt – das gibt Ihnen die Möglichkeit, vor dem Aufstehen noch etwas zu dösen und währenddessen noch ein paar Träume zu erhaschen.

Rufen Sie sich die Empfindungen, die Sie beim Einschlafen hatten, und das Gefühl zu Beginn und Ende einer Traumsequenz ins Gedächtnis.

Legen Sie sich ein Notizbuch auf den Nachttisch und schreiben Sie sofort nach dem Aufwachen Ihre Träume auf.

Gehen Sie nach einigen Wochen Ihre Aufzeichnungen durch und stellen Sie fest, wie Ihre Träume sich auch noch weit in den Tag hinein auf Ihre Stimmung auswirken. Wenn Sie diesen Zusammenhang sehen können, werden solche „Traumfolgen" Sie weniger beeinträchtigen.

5 Bringen Sie Ordnung und Klarheit in Ihr Leben!

Ist Ihr Lebensumfeld zeitweise wohlgeordnet und strukturiert, nur um allzubald wieder in Unordnung und Chaos zu versinken? Und gilt dies nicht nur für Ihr Privatleben, sondern auch für andere Bereiche? Hätten Sie gerne mehr Ordnung und Klarheit in Ihrem Leben? Da haben Sie Glück! In diesem Kapitel können Sie entdecken, über welch ein ungeahntes Reservoir an nutzbarem Enthusiasmus Sie verfügen. Mit den einfachen Techniken, die wir Ihnen hier vorstellen, können Sie Ihre Effektivität um 100% steigern. Bringen Sie Richtung in Ihr Leben und packen Sie's an!

ORDNUNG STATT CHAOS

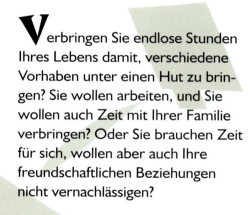

Verbringen Sie endlose Stunden Ihres Lebens damit, verschiedene Vorhaben unter einen Hut zu bringen? Sie wollen arbeiten, und Sie wollen auch Zeit mit Ihrer Familie verbringen? Oder Sie brauchen Zeit für sich, wollen aber auch Ihre freundschaftlichen Beziehungen nicht vernachlässigen?

Wenn Sie es mit einer derartigen Prioritätenkollision zu tun haben, ist es an der Zeit, etwas zu unternehmen. Beantworten Sie sich die folgenden Fragen, und sowohl dieser Konflikt als auch Probleme anderer Art können gelöst werden.

Wer tauscht nicht gerne ein Problem gegen ETWAS BESSERES ein?

Was möchte ich statt dessen?

Denken Sie nicht an Orangen mit lila Punkten! Wenn Sie sagen: „Ich will keinen Streß!", denken Sie erst recht an Ihren Streß. Drücken Sie sich positiv aus: „Ich möchte mich entspannt fühlen."

Hätte das Erreichen meines Zieles irgendwelche negativen Konsequenzen?

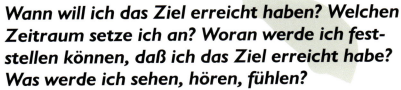

Worin könnte eine derartige negative Konsequenz bestehen? Wird Ihre Arbeit darunter leiden, wenn Sie sich mehr Zeit für Ihre Familie nehmen? Wenn hier ein Problem auftaucht, machen Sie nicht weiter, sondern wenden Sie sich diesem Problem gesondert zu.

Wann will ich das Ziel erreicht haben? Welchen Zeitraum setze ich an? Woran werde ich feststellen können, daß ich das Ziel erreicht habe? Was werde ich sehen, hören, fühlen?

Wägen Sie jedes Element dieses Stadiums sorgfältig ab, und es wird Ihnen deutlich werden, welche Schritte Sie unternehmen müssen. Auf diese Weise können Sie gezielt und effektiv vorgehen.

Welche Schritte muß ich unternehmen, um mein Ziel zu erreichen?

Machen Sie sich genau klar, was jeweils unternommen werden muß, teilen Sie es in zu bewältigende Schritte ein – und legen Sie los!

Wenn Sie erst einige Probleme auf diese Weise gelöst haben, wird Ihnen dieses Vorgehen bald zur zweiten Natur werden. Keine Zeitverluste mehr durch Unentschiedenheit. Sie werden genau wissen, was Sie unternehmen müssen, um das, was Sie wirklich wollen, auf dem besten Wege zu erreichen.

Entwickeln Sie grenzenlose Kreativität!

Fragen Sie sich manchmal, wie bestimmte Leute es eigentlich anstellen, derart phantastische Ideen zu haben? Eignen Sie sich die folgende einfache Drei-Teile-Strategie an, die man sowohl allein als auch im Team anwenden kann, und es wird Ihnen nie wieder an guten Ideen fehlen. Die kreativsten Teams arbeiten in der Regel so: Einer hat alle möglichen Ideen, ein anderer findet die Schwachstellen heraus, und ein dritter arbeitet aus, wie sich das, was von den Ideen übriggeblieben ist, in die Tat umsetzen läßt – es findet eine Aufteilung in die Rollen des Träumers, des Kritikers und des Realisten statt. Wenn Sie allein arbeiten, müssen Sie diese drei Rollen selber ausfüllen.

Der TRÄUMER

Denken Sie an einen Moment in Ihrem Leben, in dem Sie kreativ waren. Der kleinste Kreativitätsbeweis reicht aus. Erinnern Sie sich daran, wie Sie sich zu diesem Zeitpunkt gefühlt haben, und versetzen Sie sich in genau dieses Gefühl hinein. Nehmen Sie eine entsprechende Körperhaltung ein. Jetzt denken Sie an Ihr Ziel. Geht es um die Neugestaltung Ihres Wohnzimmers? Lassen Sie hierzu Vorstellungen auftauchen, eine nach der anderen, ohne an diesen Vorstellungen im geringsten Kritik zu üben. Es geht darum, den kreativsten Fluß aufrechtzuerhalten. Halten Sie alle Ihre Vorstellungen schriftlich fest.

Der KRITIKER

Denken Sie jetzt an eine Situation, wo Sie konstruktiv Kritik übten. Lassen Sie die Gefühle auftauchen, die damit einhergingen, und gehen Sie alle Ihre Ideen für die Wohnzimmergestaltung durch, um festzustellen, welche davon sich umsetzen lassen.

Der REALIST

Wenn Sie auf diese Weise eine oder zwei wirklich gute Ideen herausgefunden haben, denken Sie an eine Zeit, als Sie eine Idee wirklich umgesetzt haben. Wie würden Sie nun im Lichte dieser Erfahrung Ihre neuen Ideen in die Tat umsetzen? Was ist im einzelnen zu tun?

Dieses Drei-Schritte-Verfahren bietet Ihnen ein Gerüst, mit dessen Hilfe Sie Ideen entwickeln und ohne allzu große Probleme in die Tat umsetzen können. Sie können es noch verbessern, indem Sie die drei Rollen mit jeweils unterschiedlichen Brillen versehen. Wenn Sie allein arbeiten, können Sie frei zwischen den drei Rollen hin und her wechseln und dabei im Geiste die dazu gehörigen Brillen aufsetzen. Tun Sie das so lange, bis Sie einen fertigen Arbeitsplan erstellt haben.

BRAINSTORMING MIT MINDMAPS

Haben Sie sich immer schon nach einer Art von Brainstorming gesehnt, das zu Ergebnissen führt, die Ihnen auch zwei Tage später noch nicht ganz unsinnig vorkommen? Versuchen Sie es mal mit **MindMapping** (Erfinder: Tony Buzan), einer phantastischen Methode, die die Vorteile sorgfältigen Auflistens und erhöhter Kreativität in sich vereint. Das Erstellen eines MindMaps läßt rechte und linke Hirnhälfte gleichermaßen aktiv werden. Eine einfache Liste entspricht der Komplexität des kreativen Denkens nicht in genügendem Maße – das Denken erfolgt nicht linear. Schreiben Sie Ihre Einfälle also nicht untereinander auf, sondern verbinden Sie Ihre Ideen mit Bildern und Schlüsselbegriffen. Dies macht es auch leichter, sie sich später wieder ins Gedächtnis zu rufen.

Lassen Sie Ihre Ideen ungehindert strömen, und es werden sich neue Verbindungen und Assoziationen zwischen ihnen ergeben.

- *Schreiben Sie Ihren Hauptbegriff in Großbuchstaben in die Mitte eines Blatts Papier. Lassen Sie den Fluß Ihrer Ideen von dort ausgehen.*

- *Schreiben Sie deutlich und folgen Sie den Linien. Formulieren Sie knapp und präzise.*

- *Je zentraler die Idee, desto näher gehört sie ans Zentrum der Seite.*

Schreiben Sie, ohne abzusetzen. Verwenden Sie farbige Stifte, um Ihr Gedächtnis zu unterstützen, und machen Sie kleine Zeichnungen und Skizzen. Ihre Ideen werden nur so hervorsprudeln. Lassen Sie wichtige Verbindungen deutlich werden. Wägen Sie im Falle eines Plans Pro und Kontra ab. Vor allem: HABEN SIE SPASS DABEI!

VERÄNDERUNGEN WILLKOMMEN HEISSEN

Wandern Sie durchs Leben, ohne zu wissen, wohin die Reise geht? Oder haben Sie Ihr Leben bis in alle Einzelheiten vorausgeplant? Wie auch immer – gehen Sie jetzt in Gedanken fünf Jahre in die Zukunft. Was möchten Sie im Laufe dieser fünf Jahre erreicht haben? Mit wem möchten Sie zusammenleben? Was möchten Sie lernen? Wie soll es finanziell aussehen?

Stellen Sie sich vor, Sie stehen an Deck eines Bootes und betrachten die lange Kielwasserspur, die sich hinter dem Boot herzieht. Das Kielwasser stellt die Vergangenheit dar, auf die Sie in fünf Jahren zurückschauen werden – Sie blicken von einem Punkt in der Zukunft auf das zurück, was in der Realität gerade erst seinen Anfang nimmt. Alles, was Sie in diesen fünf Jahren erreicht haben, zeigt sich klar und deutlich in dieser Wasserspur. Was sehen Sie?

Richten Sie Ihren Blick auf das Wasser und fragen Sie sich, was Sie tun müssen, um in fünf Jahren mit Ihrem Leben zufrieden zu sein. Wollen Sie sich beruflich verändern, einen Ortswechsel vornehmen? Was müssen Sie jetzt unternehmen, um das in Zukunft zu erreichen? Wo möchten Sie in einem Jahr sein? In zwei Jahren? In drei, in vier, in fünf Jahren? Müssen Sie Ihre Lebensweise umstellen, um das Gewünschte zu erreichen?

Stellen Sie sich bildlich vor, was Sie erreichen möchten, in leuchtenden Farben und großen Bildern, so daß Ihrem Gehirn die Bedeutung dieser Vision auch in vollem Umfang deutlich wird.

Planen Sie Ihr Leben mit Sorgfalt, und bald werden Sie sehen, wie am Horizont alle möglichen guten Gelegenheiten auftauchen, die Sie sich nach Belieben zunutze machen können. Bewahren Sie sich dabei immer ein Maß an Flexibilität, doch steuern Sie Ihr Boot in die gewünschte Richtung und bestimmen Sie den Kurs für Ihre Zukunft.

Zielen Sie hoch!

Müssen Sie sich immer wieder mit Zweitrangigem begnügen, weil Sie Ihre Ziele zu niedrig ansetzen? Geben Sie sich z.B. mit einer kleinen Gehaltserhöhung zufrieden, anstatt Vertrauen in Ihre Fähigkeiten zu setzen und mehr zu verlangen? Oder lassen Sie eine unbefriedigende Beziehung vor sich hindümpeln, anstatt den Versuch zu unternehmen, etwas grundlegend zu verändern?

Wie ein Stabhochspringer müssen Sie über die Latte hinauszielen, um Ihr Ziel zu erreichen.

GREIFEN SIE NACH DEN STERNEN, UND IHNEN GELINGT DER SPRUNG ÜBER DEN MOND.

Wenn Sie keine klaren Ziele haben, bekommen Sie am Ende vielleicht weniger, als Sie eigentlich verdient hätten. Wenn Sie aber Ihre Erwartungen höher ansetzen, erreichen Sie viel mehr. Wenn Sie sich zum Ziel setzen, zu den Besten zu gehören, sei es als Schriftstellerin, Künstler, Vater oder Mutter, werden Sie sich intensiver um den entsprechenden Erfolg bemühen, als wenn Sie mit Ihren eigenen Erwartungen nicht über das Mittelmaß hinausgehen.

In dem Maße, wie Sie Ihre Anforderungen an sich selber höherschrauben, werden Sie das nötige Selbstvertrauen erwerben, um mehr vom Leben zu verlangen. Wenden Sie Ihre neu entwickelten Erwartungen auf Ihre Arbeit und Ihre privaten Beziehungen an und stecken Sie sich hohe Ziele, was Ihre zentralen Lebenswünsche angeht.

Denken Sie positiv – setzen Sie sich hohe Ziele – damit bauen Sie Stahlfedern in Ihr Schuhwerk ein, die Ihnen ganz große Sprünge ermöglichen. Machen Sie es wie die Kuh, die über den Mond sprang!*

*Anspielung auf den populären englischen Kindervers: „Hey diddle diddle, The cat and the fiddle, The cow jumped over the moon …."

RECHTSCHREIBUNG – ABER RICHTIG!

Haben Sie hier und da Probleme mit der Rechtschreibung? Sollte Ihre Antwort auch „nein" lauten, so lohnt es sich dennoch, weiter zu lesen und sich mit einigen sehr brauchbaren Techniken vertraut zu machen, die Ihre Rechtschreibfähigkeiten auf angenehme und interessante Weise verbessern können.

Wenn man sich angewöhnt hat, phonetisch zu buchstabieren (d.h. nach dem Gehör), kann man Probleme bekommen (im Englischen mehr als im Deutschen, Anm. d. Ü.). Nicht einmal das Wort „phonetisch" läßt sich nach dem Gehör richtig schreiben! Leute, die gut im Rechtschreiben sind, bedienen sich in der Regel eines visuellen Zugangs.

Stellen Sie sich das Wort „hellgelb" vor, in Großbuchstaben vor Ihnen an die Wand geschrieben. Rücken Sie dieses Wort in Ihrem Sehfeld etwas nach oben und nach links – dort liegt nämlich der Zugriff auf bildhaft Erinnertes. Lassen Sie es hell und deutlich werden. Visualisieren Sie das ganze Wort so, als stünde es vor Ihnen, und lesen Sie sich die einzelnen Buchstaben selber vor.

N-E-C-E-S-S-A-I-R-E

NEHMEN SIE ALS NÄCHSTES EIN WORT, DAS IHNEN PROBLEME BEREITET. „NECESSAIRE" IST FÜR VIELE EIN SOLCHES WORT!

Visualisieren Sie dieses Wort und schauen Sie genau hin. Gibt es Lücken darin, die anzeigen, daß Sie sich nicht ganz sicher sind, wie es geschrieben wird? Notieren Sie die vermeintlich richtige Schreibweise und vergleichen Sie sie mit dem, was im Duden steht. Die Lücken in Ihrer Vorstellung werden verschwinden, sobald die Fehler korrigiert sind. Bald wird Ihr Vorstellungsbild der korrekten Schreibweise entsprechen – schreiben Sie das Wort noch einmal auf, um dieses Bild zu verstärken.

Gehen Sie noch einen Schritt weiter und buchstabieren Sie das Wort rückwärts – fangen Sie beim letzten Buchstaben an und enden Sie mit dem ersten.

Besonders dann, wenn man dies mit Kindern übt, kann man noch etwas Spaß mit hineinbringen, indem man sich vorstellt, daß die Wörter auf dem T-Shirt einer Comicfigur oder auf einem Reklamebanner geschrieben stehen, das ein Flugzeug hinter sich herzieht.

Begeisterung auf Knopfdruck

Wächst Ihnen manchmal alles über den Kopf und müssen Sie aber gerade dann die Nerven behalten und produktiv sein? Dann probieren Sie es mal mit den folgenden einfachen Techniken, mit deren Hilfe Sie Ihren Begeisterungspegel selber nach oben regulieren können. Dies funktioniert auch mit anderen Emotionen, z.B. Glücksgefühlen und freudiger Erwartung.

Ordnen Sie Ihren Begeisterungslevel auf einer Skala von 1–10 ein. Der Wert 1 bedeutet, daß Sie sowenig Begeisterung empfinden, daß Sie beinahe einschlafen könnten. Der Wert 10 hingegen besagt, daß Sie ein Dynamo auf Volltouren sind und die ganze Welt auf den Kopf stellen könnten.

ALS ERSTES stellen Sie Ihren gegenwärtigen Zustand anhand der Skala fest.

DANN verändern Sie Ihren Zustand um 1/2 Punkt nach unten, z.B. von 5 auf 4,5. Das zeigt Ihnen erst einmal, daß Sie etwas an Ihrem Zustand verändern KÖNNEN.

UND DANN drehen Sie Ihren Begeisterungspegel hoch, bis Sie den Wert 10 erreichen. Gehen Sie dabei halbpunkteweise vor. Beziehen Sie die Veränderungen mit ein, die Sie an Ihrer **Körperhaltung, Ihrer inneren Stimme** und **Ihrem Gesichtsausdruck** vornehmen müssen, um Ihrem neuen Enthusiasmus mit der richtigen Grundlage zu versehen.

Sollte Ihre Motivation irgendwann wieder einmal nachlassen, machen Sie das Ganze noch einmal und bringen Sie sich wieder auf Touren. Wenden Sie diese Methode auch auf andere Emotionen an.

EIN KLEINER SCHRITT, UND SIE SCHAFFEN ALLES!

BESSER UND BESSER MIT JEDEM TAG

Wie können Sie das volle Potential ausschöpfen, das in Ihnen steckt? Ähnlich wie beim Heranreifen eines edlen Weins oder einer besonderen Käsesorte ist längere Zeit erforderlich, um Ihr Selbstvertrauen wachsen und Sie in den Vollbesitz Ihrer Fähigkeiten gelangen zu lassen.

Haben Sie unter gesundheitlichen, finanziellen oder unter beruflichen Problemen zu leiden? Wenn Sie die in diesem Buch beschriebenen Techniken anwenden, werden Sie bald Verbesserungen in allen Lebensbereichen feststellen können. Es wird Ihnen leichterfallen, Entscheidungen zu treffen, und Sie werden erreichen können, was SIE wollen. Um diesen Erfolgskurs weiter zu stabilisieren, empfiehlt es sich, ein Tagebuch zu führen, in dem Sie Ihre täglichen Fortschritte festhalten. Dazu müssen Sie sich jeden Tag mindestens fünf Minuten Zeit nehmen.

Diese fünf Minuten müssen für Sie zur täglichen festen Einrichtung werden. Halten Sie auf jeden Fall daran fest, und sei es jedesmal nur für ein paar Minuten.

Stellen Sie sich dabei jedesmal die folgenden drei Fragen:

Was ist mir heute besonderes gut gelungen?

Was möchte ich besser machen?

Was möchte ich erreichen?

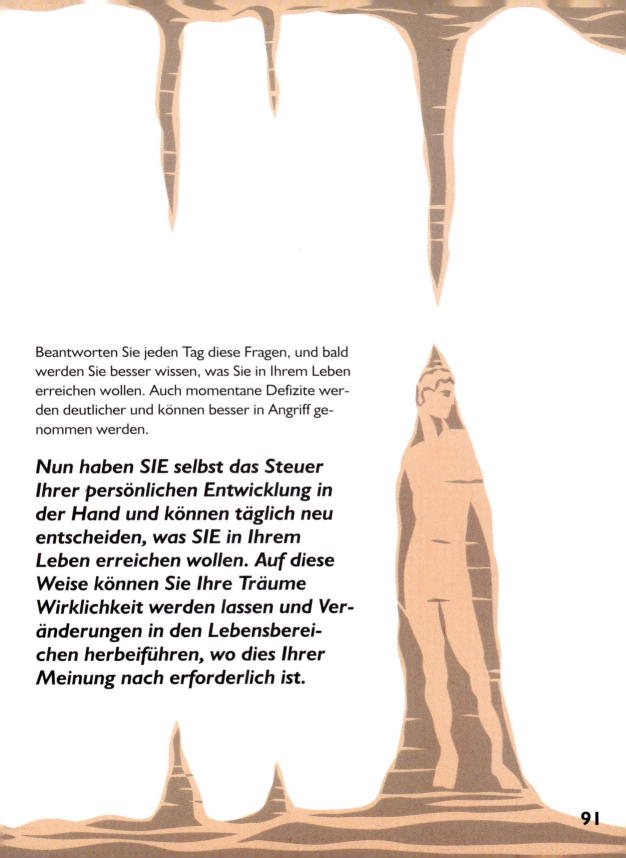

Beantworten Sie jeden Tag diese Fragen, und bald werden Sie besser wissen, was Sie in Ihrem Leben erreichen wollen. Auch momentane Defizite werden deutlicher und können besser in Angriff genommen werden.

Nun haben SIE selbst das Steuer Ihrer persönlichen Entwicklung in der Hand und können täglich neu entscheiden, was SIE in Ihrem Leben erreichen wollen. Auf diese Weise können Sie Ihre Träume Wirklichkeit werden lassen und Veränderungen in den Lebensbereichen herbeiführen, wo dies Ihrer Meinung nach erforderlich ist.

ÜBUNG MACHT DEN MEISTER

Können Sie sich noch daran erinnern, wie es war als Sie radfahren lernten? Wie oft haben Sie das Gleichgewicht verloren, wie lange hat es gedauert, bis Sie sich endlich sicher fühlten? Das Erweitern und Vervollkommnen jeder Fähigkeit erfordert Zeit, und Übung ist unabdingbar, um in Ihrem Gehirn die entsprechenden Erinnerungsspuren zu etablieren und zu festigen. Hat Ihr Gehirn erst einmal die grundlegende Vorstellung davon erfaßt, wie es geht, wird jede darauf aufbauende Fertigkeit zunehmend leichter zu erlernen sein, bis das Gelernte schließlich zur zweiten Natur geworden ist.

Vier Lernstadien lassen sich unterscheiden:

1 UNBEWUSSTE INKOMPETENZ

2 BEWUSSTE INKOMPETENZ

3 BEWUSSTE KOMPETENZ

4 UNBEWUSST GEWORDENE KOMPETENZ

Das heißt konkret:

1 *Sie wissen nicht, daß Sie nicht radfahren können – an diesem Punkt wissen Sie noch nicht einmal, daß man das überhaupt kann.*

2 Sie wissen, daß Sie nicht radfahren können – in diesem Stadium fallen Sie ab und zu hin.

3 *Sie wissen, daß Sie wissen, wie es geht – jetzt fallen Sie nicht mehr hin, wenn Sie nur richtig achtgeben.*

4 Sie können radfahren, aber Sie brauchen nicht mehr daran zu denken – Sie halten automatisch das Gleichgewicht, ohne sich dessen überhaupt bewußt zu sein.

Dies gilt für Lerninhalte jeglicher Art. Wenn Sie die unangenehme Phase des wackligen Gleichgewichts erst einmal hinter sich gebracht haben, wird es nicht lange dauern, und Sie haben sich die neue Fähigkeit wirklich zu eigen gemacht.

Entscheiden Sie sich!

Fällt es Ihnen häufig schwer, verschiedene Möglichkeiten gegeneinander abzuwägen und sich zu einem festen Entschluß durchzuringen? „Einerseits – andererseits" – das ist uns allen nur allzu wohlbekannt. Durch derartige innere Konflikte gehen jedoch wertvolle Energiereserven verloren, und Wichtiges bleibt unerledigt.

Skifahren bringt Speed und Spaß... Körpertraining... Freiheit von der Last des Denkens...

Wie läßt sich ein derartiger innerer Konflikt lösen, z.B. wenn es darum geht, sich für ein Urlaubsziel zu entscheiden? Nehmen Sie Ihre Hände zur Hilfe.

Denken Sie: *„Einerseits..."*, schauen Sie auf Ihre rechte Hand und gehen Sie in Ihrer Vorstellung die positiven Seiten von *Plan A* durch.

Denken Sie: *„Andererseits..."*, schauen Sie auf Ihre linke Hand und gehen Sie *Plan B* durch.

Nehmen Sie sich einige Zeit dafür, jeden der beiden Pläne zu bewerten. Finden Sie die positiven Aspekte von beiden. Dann fragen Sie Ihr Unterbewußtes, ob die beiden Seiten gewillt sind, diese Aspekte zu integrieren.

Lassen sich die Vorstellungen miteinander vereinbaren, werden Sie dies an einem körperlichen Signal oder intuitiv bemerken. Geschieht nichts Derartiges, bekommen Sie wenigstens einen Eindruck davon, welche Kraft diesen Vorstellungen jeweils innewohnt.

die herrlichen Sonnenuntergänge am Strand... Entspannung... Zeit zum Lesen

Falls Sie ein Signal erhalten, halten Sie Ihre Hände in einigem Abstand vor sich und führen Sie sie langsam zusammen, bis Ihre Handflächen einander berühren – eine metaphorische Darstellung der Verschmelzung beider Pläne. Bewegen Sie Ihre Hände dann in Richtung Ihres Körpers und legen Sie die Handflächen auf Ihre Brust.

Die Macht Ihrer Intuition wird dafür sorgen, daß Ihre Entscheidung die Vorteile beider Alternativen in sich vereinigen wird. In diesem Fall könnte das so aussehen: sportliches Skifahren am Tage, entspannenden Sonnenuntergang am Abend genießen.

Abschliessende Bemerkungen des Autors

Mein Dank geht an David Groves und Robert Dilts für die Arbeit, die sie auf dem Gebiet des NLP geleistet haben, und ganz besonders an John Grinder und Richard Bandler, die NLP ins Leben gerufen haben.

Ein ganz persönliches Dankeschön an meinen Mentor, Autorenkollegen und Freund John Seymour von John Seymour Associates, wo ich lange Zeit tätig war. Ich bedanke mich für die hilfreiche Unterstützung!

Von den zahlreichen interessanten Büchern über unser Thema möchte ich besonders empfehlen:

– *Introducing NLP* von John Seymour und Joseph O'Connor (dt.: *Neurolinguistisches Programmieren: gelungene Kommunikation und persönliche Entfaltung*). Dieses Buch bietet einen ausgezeichnet geschriebenen, umfassenden Überblick – geeignet für alle, die mehr über sich selbst und ihre Interaktion mit anderen Menschen erfahren möchten.

– *Awaken the Giant Within* (dt.: *Das Robbins-Power-Prinzip*) und *Unlimited Power* (dt.: *Grenzenlose Energie*) von Anthony Robbins. Diese Titel des weltbekannten Motivationstrainers und Coachs stecken voll inspirierender Ideen.

Wie geht es weiter?

Falls Ihnen dieser Vorgeschmack auf NLP zugesagt hat, nehmen Sie doch einfach Kontakt auf zu John Seymour Associates, wo NLP-Kurse von zwei Stunden bis 20 Tagen Dauer angeboten werden. Besuchen Sie die Website **www.johnseymour-nlp.co.uk** oder rufen Sie an unter der Nummer 0044-11 79 55 78 27, wenn Sie an näheren Informationen interessiert sind.

Weitere Probehäppchen gefällig? Besuchen Sie mich unter **www.3courselunch.com** Dort finden Sie Videomaterial, das Ihr Leben verändern kann …